CONSIDÉRATIONS

SUR

L'AVANTAGE OU LE DÉSAVANTAGE

D'ENTOURER LES

VILLES MARITIMES DE FRANCE

D'une enceinte continue, fortifiée, tirées des résultats pratiques
de l'efficacité du tir à la mer,

PAR

Le baron P.-E. MAURICE (de Sellon),
Capitaine du génie, ancien élève de l'École Polytechnique.

* * *

PARIS

J. CORRÉARD, Éditeur d'Ouvrages militaires,
Rue de l'Est, nº 9.

J. Dumaine, neveu et successeur de G. Laguionie, rue Dauphine, 36.

B. Behr à Berlin.
Joseph Bocca, à Turin.
Decq, à Bruxelles.
J. Issakoff, lib.-édit., comm. officiel de toutes les Bibliothèques de la garde impériale à Saint-Pétersbourg.
Doorman, à La Haye.

Michelsen, à Leipsig.
Kaulfuss, Prandelet Cie, à Vienne.
Pierre Marietti, à Turin.
Muquardt, à Bruxelles.
Casimir Monnier, à Madrid.
Van Cleef frères, à La Haye.
Dulau et Cie, 37, Soho Square, à Londres.

A Alger, à la Librairie centrale de la Méditerranée.

1847

CONSIDÉRATIONS

SUR

L'AVANTAGE OU LE DÉSAVANTAGE D'ENTOURER

LES

VILLES MARITIMES DE FRANCE

D'UNE ENCEINTE CONTINUE FORTIFIÉE.

LAGNY. — Imprimerie de GIROUX et VIALAT.

CONSIDÉRATIONS

SUR

L'AVANTAGE OU LE DÉSAVANTAGE D'ENTOURER

LES

VILLES MARITIMES DE FRANCE

D'une enceinte continue fortifiée, tirées des résultats pratiques de l'efficacité du tir à la mer,

PAR

Le baron P.-E. MAURICE (de Sellon),

Capitaine du génie, ancien élève de l'École Polytechnique.

PARIS,

J. CORRÉARD, ÉDITEUR D'OUVRAGES MILITAIRES,

RUE DE L'EST, Nº 9.

1847.

CONSIDÉRATIONS

SUR

L'AVANTAGE OU LE DÉSAVANTAGE D'ENTOURER

LES

VILLES MARITIMES DE FRANCE

D'une enceinte continue fortifiée, tirées des résultats pratiques de l'efficacité du tir à la mer;

Par le baron P.-E. MAURICE (de Sellon), capitaine du génie, ancien élève de l'École Polytechnique.

———

Exposé de la question. — État du matériel employé en Angleterre, à bord des bâtiments de guerre. — État du matériel employé en France, soit à bord des bâtiments de guerre, soit pour l'armement des places et des batteries de côtes. — Tableau des déviations moyennes, latérales et longitudinales, des projectiles, courbes et rasants, obtenues dans le tir en mer, avec le matériel français. — Tableau des déviations moyennes, latérales et longitudinales des projectiles, courbes et rasants obtenues dans le tir sur terre avec le même matériel. — Surface moyenne exposée aux projectiles, courbes et rasants des bâtiments de guerre, à une distance moyenne : 1° dans une batterie de côte ; 2° dans une enceinte bastionnée de moyenne grandeur. Effet utile probable. — Surface moyenne exposée aux projectiles, courbes et rasants d'une batterie de côte ; à une distance moyenne, — dans un bâtiment de guerre de moyen rang. — Effet utile probable.

En supposant que l'effet utile probable du tir sur mer soit le même pour le matériel anglais que pour le matériel français :

Quelles conclusions peut-on tirer de ce qui précède pour le système à suivre dans la mise en état de défense des frontières maritimes du royaume ?

Au nombre des questions d'un haut intérêt que la situation politique, issue des derniers évènements, a fait éclore, il en est peu, assurément, qui doive préoccuper davantage l'attention des hommes spéciaux que celle de la mise en état de défense des frontières maritimes de la France. Il n'entre pas dans le but de cet écrit d'examiner dans toutes ses parties un sujet aussi vaste et aussi complexe et qui d'ailleurs demanderait pour être traité convenablement des conditions que nous ne pouvons pas remplir. Mais avec son côté politique, il nous a paru que la question de la défense des rives de l'Océan et de la Méditerranée présentait un côté théorique et spécial qu'il ne serait peut-être pas sans utilité d'examiner au moment où, peut-être, des sommes conlessauto vontr être consacrées à élever deux fortifications badérdes principales villes maritimes du royaume. Déjà des officiers distingués et des membres de la Chambre des députés (1) ont publié leur opinion sur ce grave sujet. Mais quelle que soit la valeur de leurs écrits, quelle que soit l'importance de leurs observations sur l'opportunité de telle ou telle dépense à faire ou à réserver, il nous semble que la question pourrait être éclairée par la solution du problème suivant :

« Au point où en sont arrivés les progrès de la balistique moderne et les perfectionnements du matériel

(1) Considérations politiques et militaires sur les travaux des fortifications, exécutés depuis 1815 en France et à l'étranger, par Ardant, lieutenant-colonel du génie, député de la Moselle. 1846. Nouvelles considérations sur les travaux de défense projetés au Havre, par le général Lamare. 1846 Notice sur la défense des côtes maritimes de France, par M. Laboria, capitaine d'artillerie de marine retraité. 1841.

de l'artillerie en Europe, quelle comparaison peut-on établir entre l'efficacité de l'attaque et celle de la défense d'un point quelconque fortifié des côtes de France par un certain nombre de bouches à feu, et les supposant les unes à bord d'un bâtiment de guerre, les autres à terre? » On dit généralement que quatre bouches à feu de gros calibre peuvent lutter avantageusement contre un vaisseau de ligne, ceci est un axiome un peu controversable et qui d'ailleurs pourrait n'être plus vrai aujourd'hui. Mais si les résultats de l'*expérience* permettent d'établir une comparaison entre les deux tirs et d'en déduire des conséquences, il nous semble que ces conséquences peuvent aider puissamment à se prononcer pour ou contre des enceintes fortifiées. Car, s'il est établi que l'efficacité du tir courbe ou rasant des vaisseaux en général, ne peut pas égaler celle du tir des bouches à feu situées à terre, on sera évidemment fondé à conclure que moins on présentera aux escadres de murailles et de fronts fortifiés, moins elles seront redoutables. Nous réservons complètement la question des points isolés fortifiés, celle des camps retranchés et celle des batteries destinées à empêcher les débarquements (1).

Dans le § 3 du remarquable écrit de M. le lieutenant-colonel Ardant, intitulé : « *Appréciation des dangers qui menacent les villes maritimes de France, dans le*

____

(1) L'opinion des hommes spéciaux s'est en général assez prononcée sur le peu d'effet que produirait en France un débarquement de troupes anglaises, comparé à celui que produirait un débarquement de troupes françaises en Angleterre.

cas d'une guerre avec l'Angleterre, » l'auteur a éclairé la question d'un jour tout nouveau. Et s'il suffisait de jeter un coup-d'œil rétrospectif sur les tentations effectuées depuis un siècle pour opérer un débarquement sur les côtes de France, ou sur les résultats utiles des bombardements faits par les escadres françaises ou anglaises depuis cinquante ans, il ne serait peut-être pas nécessaire de recourir à la voie lente et monotone des expériences et de la théorie, pour affirmer avec l'auteur de l'*Appréciation des dangers,* etc., que les 188 millions demandés pour les fortifications du littoral, sont peut-être une somme qui dépasse de beaucoup l'imminence des dangers qu'elle doit conjurer. Mais, d'un autre côté, il est nécessaire de tenir compte des perfectionnements récemment apportés dans l'art du pointage à la mer, et de la facilité donnée par la vapeur aux bâtiments de guerre de venir de près ébranler les murailles des villes maritimes sous la masse de leurs projectiles, ou incendier les arsenaux et les chantiers.

Les considérations auxquelles nous allons nous livrer sont, nous le répétons, d'une nature exclusivement théorique. Elles sont basées sur le résultat des « expériences sur l'efficacité du tir à la mer et du tir sur terre ferme, faites par ordre des ministres de la guerre et de la marine, à Metz, à Brest et à Gavre, pendant les vingt dernières années (1). »

(1) Expériences faites à Metz en 1834 sur les batteries de brèche, sur la pénétration des projectiles dans divers milieux résistants, et sur la rupture des corps par le choc.

Expériences faites à Brest, en 1824, du nouveau système de forces navales, proposé par M. Paixhans.

*État du matériel employé en Angleterre à bord des
bâtiments de guerre.*

Les Anglais avaient introduit la caronade dans leur
marine dès 1779. Elle convenait à merveille à leur manière favorite de combattre, qui consiste à se porter dès
l'abord sur l'ennemi pour engager l'action de très près.
Les caronades suffisent en effet pour tirer avec une précision suffisante à une distance de 364 à 546 mètres ;
mais l'expérience leur apprit bientôt que les canons à
grande portée étaient indispensables pour lutter avec
avantage contre les Américains, qui leur opposaient des
canons de 18 et de 24. Dans un engagement sur les lacs
du Canada, en 1813, il fut impossible aux Anglais de
tirer un seul coup contre les bâtiments ennemis, avec
leurs caronades, tandis qu'ils étaient criblés par les
bordées des canons à longue portée de leurs adver
saires.

Ils ont maintenant trois sortes de pièces dites de 32.

1. La première a 9 pi. 6 po. (2 m. 88) de longueur ;

Expériences d'artillerie exécutées à Gavre, par ordre du ministre de la
marine, pendant les années 1830, 31, 32, 34, 35, 36, 37, 38 et 1840.

Propositions et expériences relatives au pointage des bouches à feu en
usage dans l'artillerie navale, par M. Ernest de Cornulier, lieutenant de
vaisseau.

Considérations sur les effets de la grosse artillerie appliquée aux vaisseaux de guerre ou dirigée contre eux par T. T. Simmons, capitaine de
l'artillerie royale anglaise.

Déviations du tir des projectiles, par L. N. Prosper Coste, capitaine d'artillerie.

Instruction sur les effets des bouches à feu, par Poumet, chef de bataillon
d'artillerie.

elle pèse 55 1/2 quintaux (2792 k.); elle a 195 livres (72 k. 15) par livre de poids du boulet ; et le vent du boulet est de 0,203 pouces (0 m. 005); il pèse 33 liv. 10^{onces} (12 k. 24).

2. La seconde pièce de 32, *nouveau modèle*, a 9 pi. (2 m. 73) de long; elle pèse 50 quintaux (2539 k.); elle a 175 liv. (64 k. 75) de métal par livre de boulet.

3. La troisième pièce de 32, anglaise, a 8 pi. (2 m. 43) de long; elle pèse 41 quintaux (2081 k.); elle a 143 liv. (52 k. 91) par livre de boulet. Le vent du boulet est de 0,143 d'un pouce (0 m. 003).

Ces trois pièces correspondent aux trois canons de 30 adoptés en 1838 comme pièce d'ordonnance dans la marine française; mais elles leur sont inférieures en puissance et en portée. Enfin ils ont l'obusier de mer de 68 liv.

Cette bouche à feu pèse 65 quintaux (3300 k.), et a 160 liv. (55 k. 50) de métal pour une livre de son projectile creux, pesant 48 liv. (17 k. 92). C'est le correspondant du canon obusier de 0 m. 22, adopté en France.

Nous les comparerons plus tard l'un à l'autre. Voici un tableau des effets de cet obusier de 68, et de la force de pénétration de son projectile creux, à différentes portées, dans un milieu résistant quelconque.

	Vitesse par seconde (en mètres).	Portées en mètres.	Force de pénétration.
Vitesse initiale 492 mètres.	mètres.	mètres.	mètres.
450 mèt.	331	450	1,26
728	266	728	0,83
910	232	910	0,63
1092	204	1092	0,48
1360	170	1360	0,32
1820	135	1820	0,20
2270	108	1820	0,11
2730	94	2730	0,10

Vitesse à une portée de

Nous allons reproduire également un tableau des effets de la pièce anglaise de 32 du plus fort calibre, et de la force de pénétration de son projectile plein dans un milieu résistant.

Portées en mètres.	Force de pénétration.
mètres.	mètres.
450	1,72
728	1,18
910	0,91
1092	0,73
1360	0,53
1820	0,30
2270	0,20
2730	0,15

Les Anglais ne sont pas très partisans de l'emploi des projectiles creux. Ils paraissent convaincus que le boulet plein présente un avantage, tant sous le rapport de la précision du tir, que sous celui de la moindre dépense de poudre. Dans ces expériences, où ils ont comparé les effets de leur bombe vide de 48 livres lancée par leur obusier de mer de 68, et ceux de leur boulet plein de 32; ils ont pu constater que la précision du tir (1) des premiers projectiles diminuait, ainsi que leur force de pénétration, à mesure que la portée augmentait; mais il ne faut pas oublier que la force de pénétration dans le bois n'a pas besoin d'être supérieure à l'enfoncement de plus de la moitié du projectile, pour y produire des effets de déchirement très redoutables.

M. le capitaine Simmons, de l'artillerie royale anglaise, qui conseille, dans ses « Considérations sur l'armement actuel de la marine anglaise », de revenir aux pièces à grandes portées et à fort calibre, établit que les chances d'atteindre le but à des portées excédant 910 m., avec des boulets de calibres différents, mais animés de vitesse initiales égales, étaient entre elles comme les carrés des diamètres de ces boulets.

Il établit également que si D et d indiquent les diamètres de deux boulets de calibres différents lancés à des distances du but excédant 910 m., si V et v représentent leurs vitesses au but (c'est-à-dire les vitesses dont il seront animés au moment où ils frapperont), on aura :

Que les largeurs des trous de boulets
seront entre elles $:: D^2 : d^2$

Les précisions du tir — $:: D^2 : d^2$

Les pénétrations — $:: DV^2 : dv^2$

Les effets destructifs — $:: D^5V^2 : d^5v^2$

(1) Il est certain que le tir des projectiles creux est sujet à une perturbation dont la cause est dans le chargement de ce projectile qui ne permet pas toujours au centre de gravité de coïncider avec le centre de figure.

Nous pouvons tirer de cette loi la conclusion suivante : c'est que, si à 910 m. on tire sur un but quelconque avec des boulets français de 30 et des boulets anglais de 32, animés de vitesses initiales égales, les chances d'atteindre ce but seront entre elles comme le carré de 6 po. 20 (mesure anglaise) (diamètre du boulet anglais) est au carré de 6 po. 706 (mesure anglaise) (diamètre du boulet français), c'est-à-dire comme 38 est à 44.

La marine de guerre anglaise compte des vaisseaux d'une puissance de tonnage très variée ; il s'y rencontre des vaisseaux de ligne de 120, 110, 104, 92, 90, 84, 80, 78, 76 et 74 canons, des vaisseaux de 70, 50, 46, 44, 42 canons, enfin des vaisseaux de 30, 28, 26 et 24 canons. Tous ces vaisseaux sont de première classe. La seconde comprend les chaloupes-canonnières et les galiotes à bombes. Enfin il y a des corvettes ou bricks de 22, 20, 18, 16, 12, 10, 8, 7, 6, 4, 3 et même 2 canons. Il faut ajouter à cette énumération prodigieuse et si variée 139 bâtiments à vapeur. Mais nous n'avons pas de données précises sur leur armement.

En résumé, les Anglais ne croient devoir employer les boulets creux contre les vaisseaux qu'à des portées moindres que 364 m., si ces boulets pèsent la demie du poids du boulet plein ; qu'à des portées moindres que 455 et 540 m., si leur poids est égal aux deux tiers de celui du boulet plein.

Ils considèrent la bombe chargée comme le plus formidable projectile qui puisse être dirigé contre un vaisseau de guerre, mais ils ne l'emploieraient qu'à une portée moyenne, la plus faible vitesse étant suffisante pour faire pénétrer le projectile dans la muraille d'un vaisseau de la moitié de son diamètre, ce qui est suffisant.

Les canons de gros calibre, de grande longueur et de fort poids sont regardés par eux comme des bouches à feu indispensables à cause de leur grande portée et de la précision de leur tir. Le capitaine Simmons déplore le système qui a fait armer jusqu'à présent les vaisseaux de guerre anglais de bouches à feu portant des projectiles inférieurs à ceux des autres puissances : « Un vent fixe et défavorable, dit-il, mettrait nos meilleurs équipages à la merci de quelques canons de gros calibre et de vent réduit bien dirigés. »

État du matériel employé en France soit à bord des bâtiments de guerre, soit pour l'armement des places et des batteries de côtes.

Il existe en service dans la marine française cinq calibres de canons de 1786 : 36, 24, 18, 12 et 8 longs. — Quatre postérieurs à 1786 : 30 long et court, 24, 18 et 12 court. — Deux canons obusiers, l'un de 22 c., l'autre du calibre de 30. — Cinq calibres de caronades

à support tourillon : 36, 30, 24, 18 et 12. —Une caronade de 30 à tourillon. —Un mortier à plaque de 32 c.
L'artillerie de terre a adopté en 1841, pour la défense
des côtes le canon de 30 long et l'obusier de 22 c. de
la marine. Jusqu'à ce que ces nouvelles bouches à feu
aient remplacé les anciennes, l'armement des côtes
comprend les bouches à feu de la marine ; on trouve
encore un petit nombre des canons de 8 court, 6 long
et court : enfin des mortiers de 27 c. à tourillons et à
chambre tronconique. *Mais à l'avenir il ne se composera
plus que du canon de 30 long, de l'obusier de 22 c. et
du mortier à plaque de 32 c.*

Les ouvrages de défense permanente destinés aux
frontières maritimes sont divisés en trois classes.

Première classe. —Ouvrages destinés à la défense
des ports militaires, des grands ports marchands et des
points principaux des îles. Ces ouvrages comprennent
des forts extérieurs capables de résister à une attaque
régulière ou d'empêcher un bombardement, et quel-
quefois d'une enceinte continue en état d'empêcher une
attaque de vive force.

Deuxième classe.—Ouvrages qui protégent les mouillages et les passes propres aux escadres de guerre.
Ils consistent dans un système de forts ou de batteries
se rattachant aux places.

Troisième classe. —Ouvrages qui défendent les pe-
tits ports, les mouillages affectés aux bâtiments de com-
merce, les refuges de la navigation côtière et du cabo-
tage ; ils se bornent à des batteries avec réduits. Le ré-
glement dit :

Ces batteries seront armées moitié de canon de 30, moitié d'obusiers de 22 c. — Les rades importantes ne recevront que des obusiers de 22 c. quand la portée n'excédera pas 2000 m. Quelques mortiers de 32 c. seront employés contre les mouillages (1).

Voici comment les approvisionnements ont été calculés à l'égard des projectiles pleins et creux.

Projectiles.	Canons de 30.		Obusiers de 22
	Boulets pleins.	Boulets creux.	Obus.
1re classe..............	150	50	150
2e classe..............	110	35	100
3e classe..............	70	25	70

Le projet est de combattre l'approche des bâtiments sous voile jusqu'à la distance de 2400 m., d'abord avec les boulets pleins de 30, puis avec les obus de 22 c.

Les charges adoptées sont :

Canon de 30 long : 5 k. à boulet plein.

—   3 k. 75 à boulet creux.

Avec ces charges et une hausse de 535 mill., on pourrait envoyer le boulet plein de 30 long, jusqu'à 3000 m.

L'obusier de 22 c. avec une charge de 3 k. 50 et une

(1) Quand ils ne seront pas éloignés de plus de 4000 m., qui est la portée extrême de ces bouches à feu.

hausse de 754 mill. peut envoyer l'obus à 3000 m.; mais avec une hausse de 369 mill., le projectile atteindra le but à 2000 m. avec précision et conservera encore assez de vitesse pour pénétrer dans la muraille d'un bâtiment de guerre.

Voici quelques détails sur le poids des pièces de 30 et des obusiers de 22 c., destinées à la défense des côtes, ainsi que sur le poids et le vent de leurs projectiles qu'on pourra rapprocher des données que nous nous sommes procurées sur le matériel anglais des bâtiments de guerre.

Le canon de 30 long, pèse 3035 k., il a 3 m. 15 de longueur, le vent du boulet est de 0 m. 005, le poids du boulet est de 15 k. 34. Le canon obusier de 22 c., pèse 3636, il a 2 m. 83 de longueur totale, le vent du projectile est de 0 m. 002. Le mortier de 32 c., à plaque, pèse 4361 k., sa bombe pèse 72 k.

Nous avons déjà fait voir que si on compare entre eux les canons de 30 long du matériel français avec les canons de 32 du plus fort calibre du matériel anglais, la chance d'atteindre le but à une distance supérieure à 910 m. avec des projectiles animés de vitesses initiales égales, était comme 44 pour le boulet français et comme 38 pour le boulet anglais ; cette chance étant directement proportionnelle au carré des diamètres des projectiles.

Si nous établissons le même calcul pour comparer la précision du tir du canon obusier de 68 anglais, qui lance un projectile de 8 pouc. (0 m. 202) à celle du canon obusier de 0 m. 22 français, dont le projectile a un diamètre de 0 m. 221, nous trouverons que, avec des vitesses initiales égales et à une distance du but supérieur à 910 m.,

La précision du tir avec l'obusier français est à la précison du tir avec l'obusier anglais comme 48 est à 40 !

Voici quelques données sur les pénétrations dans le bois de chêne à diverses distances des projectiles lancés avec les calibres de 30 long, avec le canon obusier de 30 et le canon abusier de 22 c.

	Charges.	Distances	Pénétration dans le chêne.
Canon de 30 long boulet { plein.........	4ᵏ 90	80ᵐ	1ᵐ34
creux.........	1	20	0 63
Canon obusier de 3°, boulet plein........	1 50	80	0 86
	1 50	5	0 90
Canon obusier de 22°....... ·	3 50	20	1 15
	3 //	20	1 15
	2 //	20	0 85
	2 //	800	0 27
	2 //	1000	0 23
	1 50	800	0 24
	1 50	1000	0 24

Ces données tirées des expériences de Gavres ne sont pas très complètes par rapport aux deux premiers calibres, les distances étant trop rapprochées ; elles offrent cela de remarquable relativement au canon obusier de 22 c., qu'avec 1 k. 50 de poudre seulement et à une distance de 1000 m., on obtiendrait une pénétration encore suffisante pour faire éclater la muraille d'un vaisseau.

Tableau des déviations moyennes latérales et longitudinales des projectiles courbes et rasants obtenues dans le tir en mer avec le matériel français.

Nous examinerons successivement les résultats obtenus dans le tir à la mer : 1° avec le canon obusier de 0 m. 22 ; 2° avec le mortier de 32 c.

Le tir s'effectuait à bord d'un ponton-bombarde (1).

Nᵒˢ des coups.	Portée.	Charge.	Déviation latérale rapportée à la ligne de mire	
			à gauche.	à droite.
Obusier de 0 m 22. Nᵒ 1	1443 m	3 k 50	//	7 m 4
2	1283	—	"	18 0
3	1418	—	4 m 50	"
4	1077	—	"	7 20
20	1500	—	7 50	"
21	2890	—	"	171 3
22	2670	—	59 70	"
23	2944	—	"	93 50

Dans une autre expérience, sur dix coups tirés à une distance moyenne de 1211 m., la déviation *longitudinale* moyenne, soit en plus, soit en moins, du projectile a été de 102 m. 30, et la déviation latérale moyenne a été de 4 m. 70.

(1) Expériences relatives au pointage des bouches à feu en usage dans l'artillerie navale, par Ernest de Cornulier, lieutenant de vaisseau.

Sur cinquante autres coups tirés, voici les résultats qui ont été obtenus :

Ordre des séries de 10 coups.	Portée moyenne.	Déviation longit. moyenne.	Déviation latérale moyenne.
	mètres.	mètres.	mètres.
1	1521	81 9	15 70
2	2073	94 60	28 20
3	2420	105 0	48 0
4	2740	109 6	64
5	2818	74 2	93

Ainsi, sur soixante coups tirés avec l'obusier de 0 m. 22 à une portée moyenne de 2130 m., on a obtenu une déviation longitudinale moyenne de 94 m., et une déviation latérale moyenne de 42 m., du but qu'on voulait atteindre en rapportant cette déviation à la ligne de mire.

Nous verrons plus tard quelles conséquences il y a à tirer de ces résultats.

Passons au tir avec le mortier de 0 m. 32.

2e tableau.

	Nombre de coups tirés.	Portée moyenne.	Charge.	Déviation moyenne.	
				longitud.	latérale.
		mètres.	kil.	mètres.	mètres.
	″	″	″	″	″
	″	″	″	″	″
Mortier de 0 m 32.	10	2044 5	4	45 10	50 5
	″	″	″	″	″
	″	″	″	″	″
	″	″	″	″	″

Il ne faut pas oublier que ces expériences ont été faites d'après le nouveau système de pointage, perfectionné par M. le lieutenant de vaissèau de Cornullier : il
est probable, il est même certain que les chiffres de
déviation eussent été beaucoup plus augmentés par les
causes de perturbation ordinaires, le roulis et le tan-
gage, si on n'eût pas employé ce système de pointage.
— Voyons en effet ce qui s'est passé à Saint-Jean-d'U-
lua ; (nous ne parlerons que des feux courbes). Les bom-
bardes étaient à 2200 m. en mer : sur trois cent deux
bombes qui furent lancées sur le fort, six seulement y
tombèrent, et pourtant l'espace à battre présentait
38,000 mètres carrés (190 sur 200). C'est donc une

bombe sur cinquante qui représentait dans ce siége l'effet utile du bombardement. Or, si nous ne nous trompons pas, chaque bombe tirée revient environ à 60 francs : ce serait donc au prix énorme de 3,000 fr. qu'aurait été payée chaque bombe *utile*, en appelant ainsi toutes celles qui seraient tombées dans l'enceinte du fort quel que fût d'ailleurs son effet.

Tableau des Déviations moyennes latérales et longitudinales des projectiles courbes et rasant obtenues dans le tir sur terre avec le matériel français.

Les expériences faites sur terre pour le canon de 24, de 16 et de 12, pour l'obusier de 22 c. et celui de 12, ont donné les résultats suivants :

Sur cent coups tirés à 600 m. de distance contre un but de 1 m. de côté

Le canon de 24 a touché 7 fois.
Le canon de 16   —   6 —
Le canon de 12   —   5 —
L'obusier de 22 c. —   4 —
L'obusier de 16 c. —   5 —

Si on se rapproche, la proportion des coups portants aux coups tirés augmente en raison du décroissement de la distance.

Les déviations latérales maxima sont à 600 m. sur cent coups :

Pour le canon de 24   de   4 m. charge au 1/3.
    —   —   16   —   5 m.   —   —
    —   —   12   —   5,50   —   —
Pour l'obusier de 22 c. —   4,20
    —   —   16 c. —   3,50

Elles diminuent à-peu-près comme les distances.

Mais on n'a pas expérimenté si elles augmentaient proportionnellement à ces mêmes distances. Supposons un instant qu'à une distance triple elle devienne même quadruple de ce qu'elle était à une distance simple, il s'en suivrait qu'à 1800 m. la déviation extrême de l'obusier de 22 c. ne serait que 16 m. 80, déviation bien inférieure à celle de 42 m., obtenue par le tir sur mer, à une distance un peu plus grande, il est vrai, puisque la portée moyenne des soixante coups était 2130 m.

On remarquera que pour les calibres longs la justesse du tir, à des distances égales, est en raison directe du poids du projectile; il est également curieux d'observer que pour l'obusier de 22 c. la déviation est plus forte à une distance de 600 m. sur cent coups que pour l'obusier de 16 c. Peut-être cela pourrait-il s'expliquer par la perturbation plus forte apportée dans le projectile de 22 c., par la charge dont le centre de gravité ne coïncide pas toujours avec le centre de figure, comme nous l'avons dit.

Les expériences faites sur les mortiers de 32 c., à chambre tronconique, et de 32 c., à chambre cylindrique, et sur les mortiers de 27 c. ont donné les résultats suivants :

L'angle de la plus grande portée pour les mortiers avec la charge ordinaire est de 42° environ. — Si on le fait varier de 5 à 6° au-dessus et au-dessous de cet angle de plus grande portée, il n'en résulte pas dans les portées de différences notables.

Les déviations moyennes *longitudinales* s'obtiennent approximativement en multipliant les portées

Des mortiers de 32 c. par 0,054 (1).

Celle des mortiers de 27 c. par 0,055.

Les déviations moyennes *latérales* s'obtiennent approximativement en multipliant les portées

Des mortiers de 32 c. par 0,019 (2).

Des mortiers de 27 c. par 0,019.

Nombre de bombes sur 100

qui tombent dans un rectangle indéfini, dans la direction du tir, et d'une largeur de

	2 mèt.	5 mèt.	10 mèt.	20 mèt.	30 mèt.	40 mèt.	50 mèt.	60 mèt.	80 mèt.	
Mortier de 32 c	24, 0	35, 5	53, 5	74, 0	86, 5	93, 0	96,	98	99	Portée 600 mèt.
Mortier de 27 c	17, 5	26, 0	40, 0	60, 0	72, 5	84, 5	91, 5	96, 0	99	

(1) Ainsi à 600 m., la déviation longitudinale moyenne pour le mortier de 32 c. sera de 32 m., à 2000 m. elle sera de 108 m.

(2) A 600 m. la déviation latérale moyenne pour le mortier de 32 c., sera de 0 m. 60, à 2000 m. elle sera de 38 m. 38.

Nombre de bombes sur 100
qui tombent dans un carré d'un côté de

	2 mèt.	5 mèt	10 mèt.	20 mèt.	30 mèt.	40 mèt.	50 mèt	60 mèt.	80 mèt.	100 mèt.
Mortier de 32 c.....	0,72	1,95	5,78	15,8	27,1	39,5	50,4	60,3	72,6	80,0
Portée 600 mètres.										
Mortier de 27 c.....	0,53	1,43	4,32	12,8	22,7	35,9	48,1	59,0	72,3	80,0

Surface moyenne exposée aux projectiles courbes et rasants des bâtiments de guerre à une distance moyenne : 1° dans une batterie de côte; 2° dans une enceinte bastionnée, de moyenne grandeur. — Effet utile probable.

Les batteries de côte sont ordinairement armées de bouches à feu en barbette dont les directrices sont éloignées de 7 m. l'une de l'autre; la directrice extrême est éloignée de 3 m. 50 du retour de l'épaulement. Il suit de là qu'une batterie de côte de six pièces de première classe, avec son réduit, présenterait une ligne à battre de 42 m. d'étendue sur une hauteur de 0 m. 75 et une profondeur de 48. Ainsi, pour les coups de plein fouet, la surface à battre serait de 31 m. 50; pour les coups d'écharpe et les projectiles courbes elle serait de 42 m. sur 48.

Si nous prenons le tableau des déviations moyennes

atérales et longitudinales résultant des expériences de
Brest, nous trouverons que sur soixante coups tirés avec
l'obusier de 22 c., à une distance de 2130 m., sur cette
batterie, pas un coup n'aurait porté. Sur dix coups tirés
avec le mortier de 32 c. pointé, d'après le système perfectionné, à environ 2000 m. également, la déviation
latérale aurait fait tomber les dix bombes hors de la
batterie (1). Les réduits en tours des trois classes sont
mis à l'abri du ricochet et des coups de plein fouet des
bâtiments de guerre par des masses couvrantes en
glacis.

Si, au contraire, une escadre mouillée à 2,000 m.
au large, ouvre son feu contre une enceinte bastionnée
de grandeur moyenne, voyons quel sera l'effet utile
probable des projectiles courbes et rasants qu'elle diri-
gera contre cette enceinte.

Chaque front ayant 360 m. environ de côté exté-
rieur et 200 m. de profondeur des saillants de la demi-
lune jusqu'au mur de courtine, il s'en suit que si un
bâtiment, après s'être placé à-peu-près dans le prolonge-
ment d'un front ou de manière à le prendre d'écharpe,
lance contre lui une bordée de soixante coups, ils por-
teront tous dans les terre-pleins ou les fossés de l'enceinte avec plus ou moins d'effet utile, nous en conve-
nons, mais il n'y aura pas de coups perdus. — Chaque

(1) On se demandera peut-être pourquoi nous avons choisi la portée
de 2000 m. comme exemple : Nous répondrons à cela que les vaisseaux de
ligne ayant besoin de 7 à 9 m. de tirant d'eau ne peuvent généralement pas
s'approcher des côtes plus près que 2000 m., à moins de circonstances par-
ticulières, telles qu'un temps calme et le remorquage par un bâtiment à vapeur dans une rade profonde.

bombe lancée d'une chaloupe canonnière ou d'un ponton bombarde à 2,000 m., d'après le système de pointage perfectionné par M. E. de Cornuliér, tombera également dans l'intérieur de l'enceinte. Quels effets ces projectiles peuvent-ils produire? c'est ce que nous allons essayer d'examiner.

Si les bâtiments ont pu s'approcher d'assez près pour que la vitesse du projectile au but soit encore de 500 m. environ par seconde, qui est la vitesse du tir en brèche, ces projectiles produiront contre la maçonnerie du revêtement des murailles des effets puissants. Mais cependant, vu l'impossibilité de pratiquer le tir en brèche suivant la méthode consacrée par les expériences de Metz, et qui consiste à découper le revêtement suivant une section horizontale, puis suivant des sections verticales, pour le renverser promptement et sûrement, on ne pourra pratiquer qu'un tir en salves : or, l'effet des vibrations susceptibles de disjoindre les maçonneries (et dont, par conséquent, l'amplitude surpasse les allongements que permet l'élasticité des matériaux), ne s'étend guère au-delà de 0,50 à 0,70. Il n'y a donc que peu de résultat à attendre de celles qui seraient dues à la simultanéité des chocs exercées à 5 ou 6 m. les uns des autres.

Quant à l'effet des projectiles creux, on sait que les bombes de 22 c. tirées à 1,200 m. de distance avec la plus grande vitesse de chute ne pénètrent dans la bonne maçonnerie de moëllons que de 0m.12, celles de 32 c. de 0 m. 18. Les effets des très grosses bombes ne sont pas proportionnels à leur poids, et une voûte de 1 m.

d'épaisseur aux reins a toujours été à l'épreuve de leur effort.

Les fusées de guerre à chapiteaux incendiaires peuvent être tirées sous un angle de 47° à 3,200 m. de distance ; mais leur pointage est si incertain qu'elles seraient bien moins à redouter pour les magasins à poudre d'un fort ou d'une batterie de côté que pour les établissements militaires d'une enceinte fortifiée.

Surface moyenne exposée aux projectiles courbes et rasants d'une batterie de côte, à une distance moyenne, dans un bâtiment de guerre de moyen rang. — Effet utile probable.

La longueur d'un vaisseau de ligne de quatre-vingt-dix à cent bouches à feu est environ de 60 à 63 m. à la flottaison ; sa largeur de 16 m. et sa hauteur au pont de 8 m. (1).

La longueur d'un vapeur de guerre de quatre cent cinquante chevaux, en dehors des bordages de la carène à la ligne d'eau en charge, est de 69 m. environ ; sa largeur au maître, en dehors des membres, est de 12 m. 40.

La longueur d'un vapeur de guerre de cent soixante à cent quatre-vingts chevaux est de 50 m., mesurée de dehors en dehors à la flottaison ; sa largeur est de 9 m. à cette même ligne.

(1) *De l'état actuel de la navigation par la vapeur*, etc., ouvrage publié sous les auspices de la marine, par A. Campaignac, Paris, librairie de L. Mathias, quai Malaquais, 1842.

Quant à la mâture et au gréement, voici quelques mesures extraites du rapport de M. l'ingénieur Moissard sur les bâtiments à vapeur anglais.

Désignation des mâts et vergues.	Longueur en mètres.	Diamètre en millimètres.
Mât de beaupré	7, 31	558
Mât de misaine.	24, 38	660
Petit mât de hune	10, 97	304
Petit mât de perroquet	5, 486	152
Grand mât	26, 82	634
Grand mât de hune	16, 76	266
Flèche.	3, 048	76
Grande vergue	21, 33	380
Corne	10, 97	254
Mât d'artimon.	18, 30	380
Mât de perroquet de fouque	12, 19	178
Corne d'artimon.	8, 23	152

Soit donc une escadre ennemie qui s'approche d'un point des côtes, fortifié d'une manière quelconque, mais armé de bouches à feu du calibre de 24, 30 long, et d'obusiers de 22 c., comme le sont les batteries de côtes encore aujourd'hui. A 2,000 m. on commence, à à tirer sur les bâtiments sous voile avec l'obusier de 22 c. Faute de données suffisantes sur les déviations de ce calibre pour les grandes portées, nous avons supposé que pour une distance double les déviations latérales seraient triples, qu'elles seraient quadruples pour une distance triple, et ainsi de suite, ce qui est probablement fort exagéré. Prenons donc la déviation latérale observée à 600 m. pour l'obus de 22 c. : elle est de 4 m. 20. — A 2,000 m., distance moins que quadruple, elle sera égale à moins de cinq fois, 4 m. 20 soit 20 m., 10 tout au plus. Or, un écart latéral de 20 hors de la ligne de tir sur un objet long au moins de 50 m. n'empêchera pas l'obus de toucher le bâtiment ; et à la charge de 3 k. 50 la pénétration sera suffisante pour faire éclater la muraille.

A 1,800 m. les coups ne dévieront plus de la ligne de tir que de 16 m. 80 : ils toucheront donc toujours le bâtiment.

A 600 m., sur cent coups tirés avec le calibre de 24
de 16
et l'obusier de 22 c.
il n'y aura pas un coup qui ne porte en plein avec une pénétration proportionnelle à l'aire, le plus grand cercle du projectile, et complètement indépendante de la vitesse.

Supposons un bâtiment à vapeur qui remorque un vaisseau de ligne pour le faire entrer dans une passe favorable à l'embossage; on tirera à boulet plein et à petite charge pour couler bas ou pour abattre la cheminée. — Eh bien, avec du calibre de 24, à 600 m., sur cent coups on touchera sept fois au moins le gouvernail ou la cheminée (Voyez les déviations moyennes du tir sur terre).

A 400 m., si le bâtiment approche encore, avec l'obusier de 22 c. chargé de 3 k. 60 et une hausse de 18 mill., on pourra tirer des grappes de grosses balles composées de dix boulets de 4. A cette distance, la dispersion des boulets étant de 9 m. 6, si le coup prend le bâtiment par le travers il fera un grand ravage dans la mâture et dans les agrès.

Avec le canon de 30 long on pourra tirer depuis la distance de 1,300 m. jusqu'à celle de 400 m. *avec les mêmes hausses* pour le tir à boulets massifs (charge 5 k.) et pour le tir à obus (charge 3 k. 75). — Les déviations latérales seront, comme nous l'avons dit, inversement proportionnelles au décroissement des distances.

Quant aux projectiles courbes : à 2,000 m., les bombes lancées avec le mortier à plaque, de 32 c., sur une escadre mouillée au large, dévieront moyennement de 108 m. dans le sens de la longueur de la trajectoire, soit en plus, soit en moins, et de 38 m., soit à gauche, soit à droite de l'axe de la parabole ; mais si on employait les procédés de pointage proposés par M. le lieutenant de vaisseau Cornullier, ces déviations qui n'ont été trouvées que de 45 m. 10 longitudinalement, et de 50 m. 50 latéralement, sur dix coups, il est vrai, tirés *en mer* à 2,040 mètres seraient encore fort atténuées si le mortier était placé sur terre ferme.

Mais il est impossible d'apprécier l'effet produit sur une escadre ennemie par les projectiles courbes, attendu que les éléments du calcul nous manquent, la distance à laquelle les bâtiments mouillent les uns des autres et leur ordre de bataille dépendant de l'amiral qui se guide pour les ordres à donner à son escadre sur l'état du temps, sur le voisinage de la terre et les ressources de l'ennemi qu'il veut surprendre.

Conclusions qu'on peut tirer de ce qui précède pour le système à suivre dans la mise en état de défense des frontières maritimes du Royaume.

En cas de guerre l'ennemi peut surtout se proposer trois choses comme plan de campagne. 1° Détruire les bâtiments français qui seraient mouillés ou embossés dans les rades et dans les ports. 2° Brûler les établissements maritimes militaires ou marchands et les arsenaux. 3° S'emparer de quelque point des côtes, rade, île ou port et y débarquer.

Pour conjurer les effets désastreux de ces trois systèmes d'agression, et en prenant pour base les résultats que nous avons établis dans les précédents chapitres, convient-il d'élever autour des ports des fronts bastionnés et des enceintes continues, ou trouvera-t-on à la fois de l'économie et de l'avantage à s'en tenir aux forts détachés et à des batteries de côtes d'un tracé perfectionné, judicieusement placées à l'entrée des rades et des passes. Telle est la question.

Si l'on consulte les résultats que nous avons obtenus, en comparant soit l'efficacité du tir des calibres anglais à celui des calibres français sur mer, soit l'efficacité du tir à la mer en général avec celle du tir sur terre; si l'on se remet devant les yeux l'effet utile probable du tir effectué *sur terre* contre des bâtiments, comparé à l'effet utile probable effectué sur mer contre des batteries de côtes ou des forts détachés, il est peut-être permis d'espérer qu'on ne se laissera pas effrayer mal à propos par la crainte de voir incendier les arsenaux des ports militaires ou les richesses commerciales des ports marchands, et que surtout on ne croira pas ne pouvoir conjurer cette chance que par des enceintes continues; puisqu'au contraire c'est augmenter la surface du but offert aux projectiles ennemis : mais que, plutôt, une étude approfondie des côtes fixera aux abords de Brest, de Cherbourg, de Lorient, de Rochefort et de Toulon, du Havre, de Boulogne et de Nantes, l'emplacement de nombreuses batteries de côtes, construites d'après les meilleurs procédés tant sous le rapport du tracé que sous celui de la solidité et de la capacité de résistance en cas de surprise; armées convenablement et abondamment approvisionnées de projectiles creux de gros calibre, et enfin pourvues de réduits en tours montant des pièces d'une grande portée, à châssis tournant.

Cette étude des côtes, déjà bien avancée par le corps savant des ingénieurs maritimes, faciliterait en outre au génie militaire le choix des emplacements convenables pour les forts détachés destinés à protéger les ports et les arsenaux, à éloigner toute tentative de débarquement et à tenir à distance les escadres qui menaceraient de trop près les bassins ou les arsenaux. Ces forts seraient le pivot et l'appui des batteries qui protégeraient la rade et les passes.

Si nous sommes bien informé, il existait des projets pour compléter l'enceinte continue de Brest, pour en créer une autour des établissements militaires de Cherbourg, et enfin on devait construire à Lorient, du côté de terre, deux fronts nouveaux pour compléter l'enceinte.

Ces projets sont-ils définitivement arrêtés et ne craindra-t-on pas de faire une dépense énorme pour créer à ces villes une protection que quelques grandes batteries leur auraient assurée à moindres frais !

Mais nous nous sommes éloigné du plan que nous nous étions engagé à ne pas dépasser, celui d'un exposé théorique destiné à présenter des faits, laissant à d'autres plus habiles et plus compétents le soin d'en tirer des conclusions. Qu'il nous soit permis en terminant de nous féliciter de nous être trouvé d'accord dans nos idées sur cet important sujet avec des officiers-généraux, dont le talent et l'expérience ne sauraient être révoqués en doute.

Paris. — Imprimerie de Lacour, rue Saint-Hyacinthe-Saint-Michel, 33.